D1690557

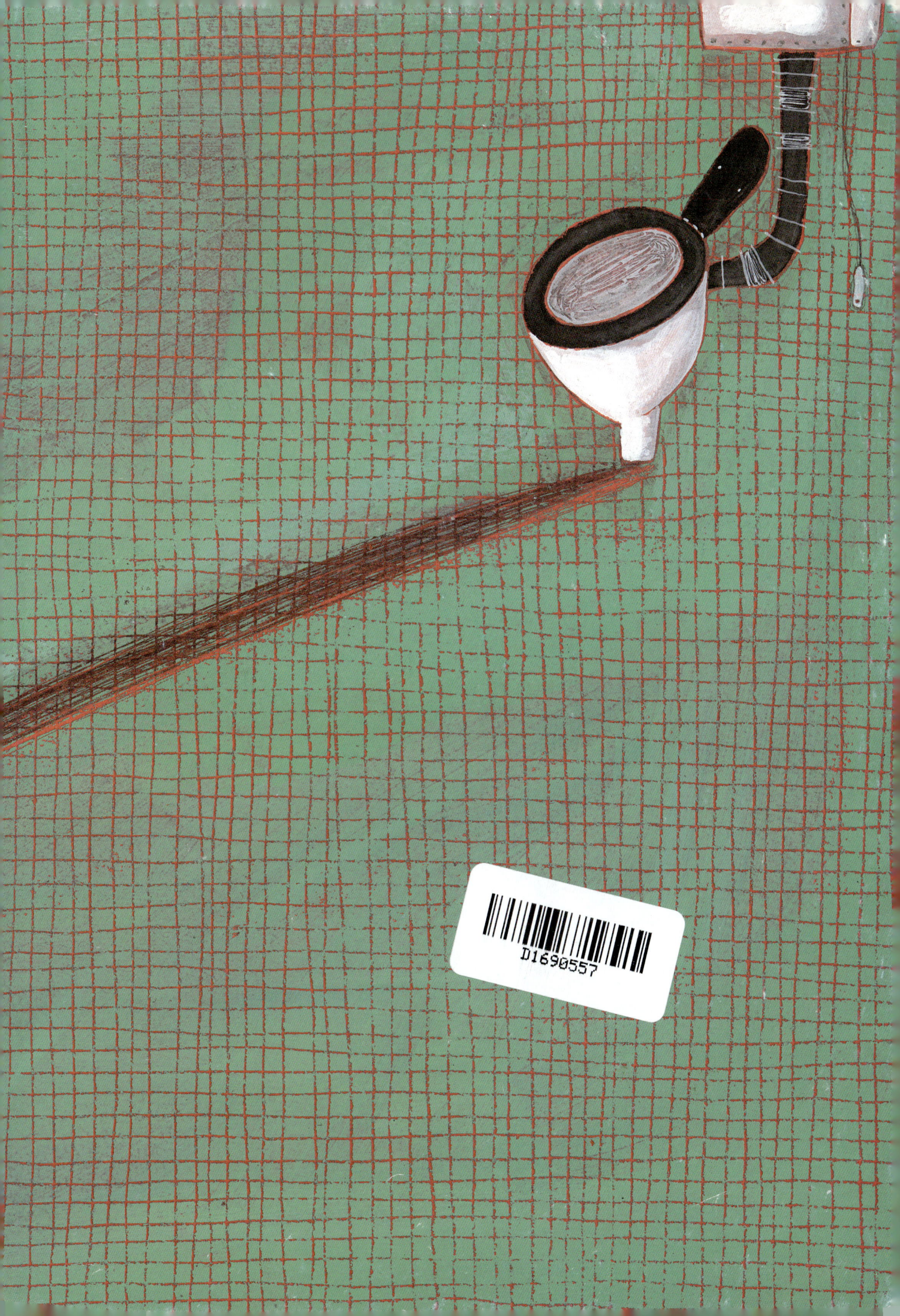

Für meinen Sohn Sebastiano.
Evelyn

ISBN 3-219-11106-8
Alle Rechte vorbehalten
Umschlag, Illustrationen und Layout von Evelyn Daviddi
Gesetzt nach der neuen Rechtschreibung
Copyright © 1981, 2003 by Annette Betz Verlag
im Verlag Carl Ueberreuter, Wien – München
Printed in Austria
1 3 5 7 6 4 2

Annette Betz im Internet: www.annettebetz.com

Margret Rettich

Die Geschichte von Elsie

Mit Bildern von Evelyn Daviddi

ANNETTE BETZ

Elsie

Uli

Jörg

Nur ein einziges Mal wollte Elsie auch so Pipi machen wie ihre fünf Brüder, aber leider ging das schief.

Am Samstagnachmittag hatte Mutter den alten Badeofen angeheizt. Zuerst sollten Jörg und Uli, die beiden Großen, baden. Danach die beiden Mittleren Veit und Tin mit dem kleinen Stefan. Und schließlich Elsie allein.

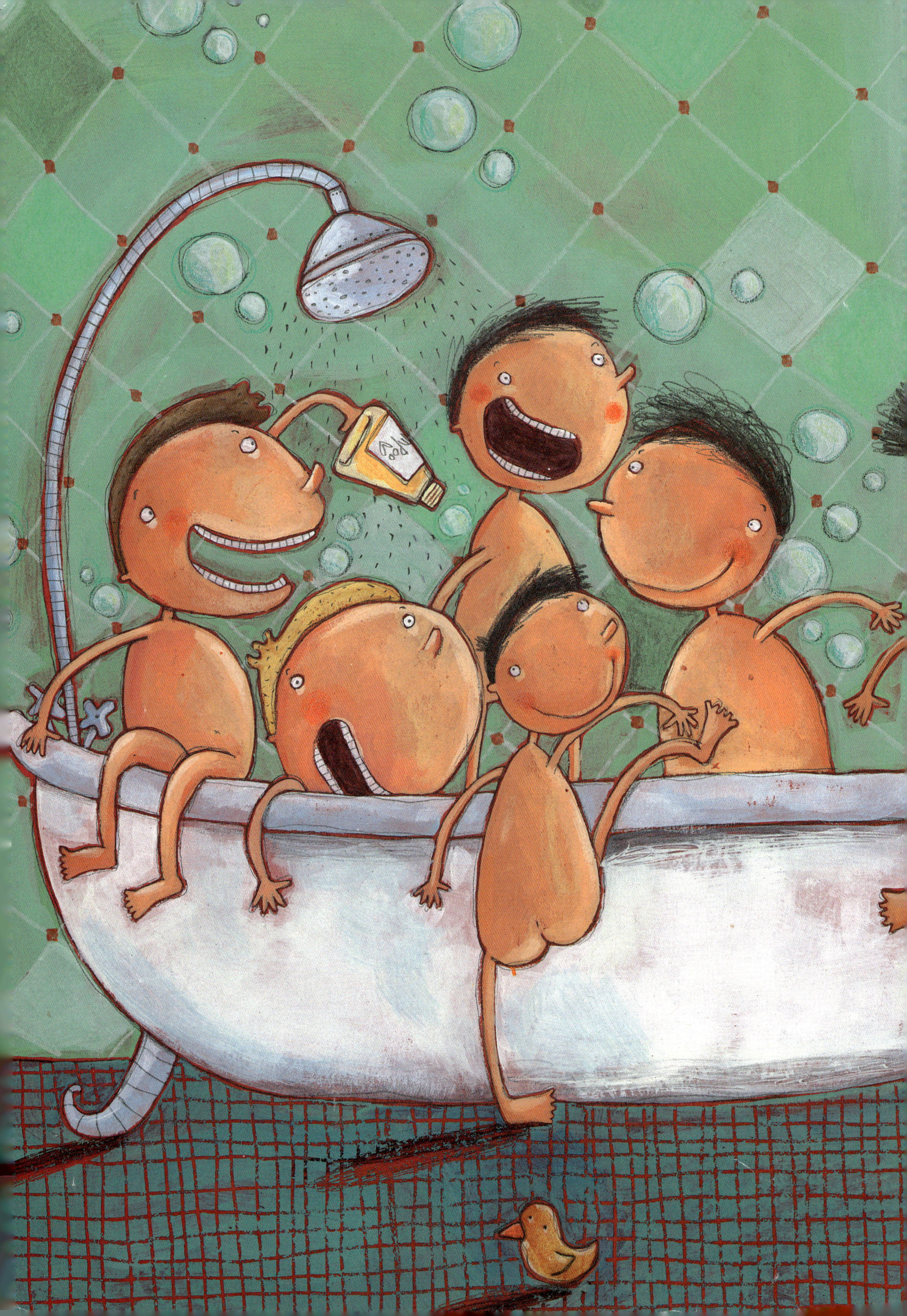

Allein baden macht keinen Spaß.
Als Mutter weg war, kletterten alle
sechs zusammen in die Wanne.
Das ging, wenn sie kreuz und quer
übereinander lagen und die Beine
über den Rand hängen ließen.
Es platschte mächtig und bald
schwamm fast alles Wasser
auf dem Fußboden, aber es
machte riesigen Spaß!

»Beeilt euch!!«

Nach einer Weile hämmerte Mutter an die Tür und rief: »Beeilt euch, wir wollen Kaffee trinken! Es gibt frischen Kuchen dazu!«

Es war etwas schwierig, wieder aus der Wanne herauszukommen. Als es alle geschafft hatten, rannten Elsie und ihre Brüder nackt den Gang entlang, schnell noch mal aufs Klo. Nun war alles in diesem Haus uralt, auch das Klo. Die Kloschüssel sah aus wie ein Trichter, der draußen an der Hauswand in ein Rohr überging. Unten endete das Rohr offen über einer Grube.

Jörg, der Älteste, stellte sich voller Übermut auf die Klobrille. Das machten ihm die Brüder sofort nach und Elsie rief: »Ich will auch mal im Stehen Pipi machen!«

»Du bist ein Mädchen, das kannst du nicht«, sagte Tin.
»Kann ich doch«, erklärte Elsie entschlossen und kletterte auf die Kloschüssel.

Dann drehte sie sich um und sagte: »Schaut weg, sonst geht es nicht!«

Alle mussten lachen. Elsie lachte am meisten. Dabei geriet sie ins Wackeln, rutschte aus und fuhr mit beiden Beinen ins Klo hinein.

Jörg war groß und kräftig. Er packte Elsie und wollte sie rausziehen, aber sie steckte so fest, dass er sie keinen Zentimeter hochbekam. Der kleine Stefan brüllte laut: »Elsie ist ins Klo gerutscht!«

»Elsie!«

AHHH! AHHH!

Mutter kam und entdeckte die Bescherung. Sie schlug die Hände über dem Kopf zusammen und rief: »Das darf doch nicht wahr sein!«

»Mir ist so kalt!!«

Dann versuchte sie Elsie zu befreien.
Aber auch ihr gelang es nicht.
»Muss Elsie jetzt immer da drin bleiben?«,
fragte der kleine Stefan.
»Red keinen Unsinn!«, sagte Mutter.
»Und ihr andern steht nicht rum.
Zieht euch an und bringt mir was Warmes für Elsie.«

Inzwischen wartete Vater auf Kaffee und Kuchen.
Als es ihm zu dumm wurde, ging er raus auf den
Gang und rief: »Hallo, wo steckt ihr denn?«
»Elsie steckt im Klo!«, rief der kleine Stefan,
der gerade an ihm vorbeirannte.

Elsie steckt im Klo!

Da sah auch der Vater, was passiert war.
Mutter hatte Elsie bereits einen Pullover angezogen und wickelte
ihr nun auch noch einen Schal um den Hals. Trotzdem wimmerte
Elsie: »Mir ist so kalt!«
»Na, dann komm lieber da raus«, sagte Vater.
»Das kann sie nicht!«, rief Mutter etwas genervt.
»Ach was, mach dich mal ganz dünn«,
sagte Vater zu Elsie und packte sie.
Er wollte sie mit einem kräftigen Ruck
aus dem Klo ziehen.
Auch Vater schaffte es nicht.

»Ich will endlich raus! Mir ist so kalt!«

Jetzt waren alle ratlos. Elsie tat ihnen Leid, denn sie klagte immer wieder: »Ich will endlich raus! Mir ist so kalt! Meine Beine sind schon aus Eis.«
Da fiel Mutter ein, dass ja das Rohr an der Kloschüssel nach unten hin offen war. Es war mitten im Winter und draußen herrschte scharfer Frost. Sie rang die Hände und sagte zu Vater: »Unternimm endlich was!«

Vater rannte zum Telefon. Er versuchte erst den Klempner und dann den Autoschlosser zu erreichen, aber er bekam keinen Anschluss. Beide waren am Samstagnachmittag längst aus der Werkstatt nach Hause gegangen.
Daher schickte er Jörg und Uli los.
Sie sollten hinlaufen und den Klempner und den Autoschlosser holen.

Vater suchte inzwischen im Schuppen einen Schraubenschlüssel. Damit wollte er die Schrauben zwischen der Kloschüssel und dem Rohr abdrehen.
Der kleine Stefan sah es und tröstete Elsie: »Vater schraubt dich ab, dann tragen wir dich ins Zimmer und da kriegst du Kaffee und Kuchen.«

Das war kein Trost für Elsie. Sie begann fürchterlich zu zappeln und rief: »Au, unten wird es ganz heiß. Meine Beine verbrennen!«
»Nun fantasiert das arme Kind auch noch«, sagte Mutter erschrocken.

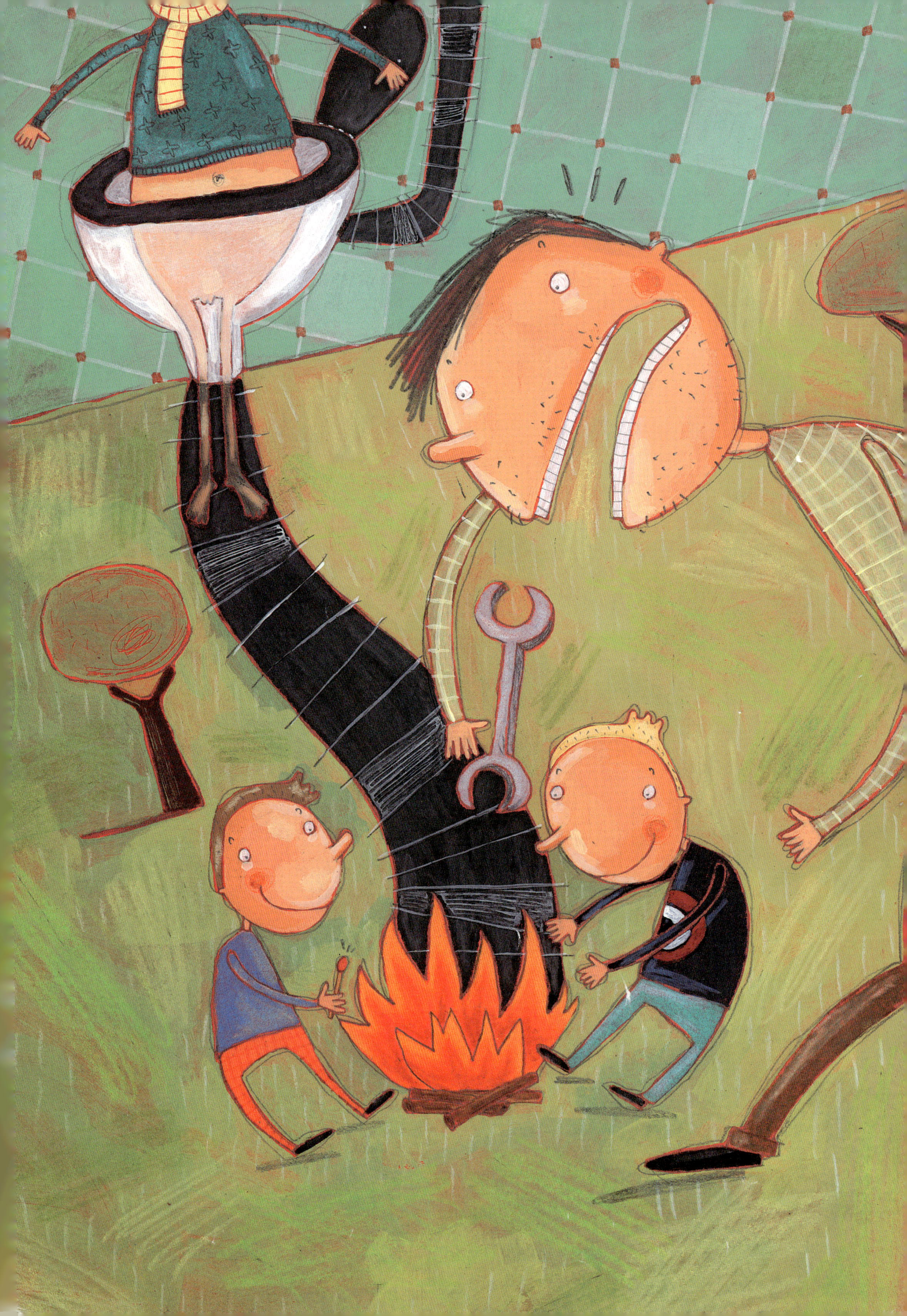

Aber Elsie fantasierte nicht. Auch die beiden anderen Brüder Tin und Veit wollten ihr helfen. Sie waren in den Garten gelaufen und hatten auf die Grube, über der das Rohr endete, ein Blech gelegt. Darauf hatten sie Reisig gepackt und angezündet. Das Feuer brannte lichterloh und der heiße Qualm stieg hoch an Elsies Füßen.

Vater hatte gerade den richtigen Schraubenschlüssel gefunden, als er den Feuerschein sah. Er rannte hin und schrie: »Seid ihr verrückt geworden?«

Dann trampelte er das Feuer aus und zerrte das Blech von der Grube. Leider fiel ihm dabei der Schraubenschlüssel in die Tiefe.

Vater stürmte in den Schuppen zurück. Diesmal packte er den größten Hammer, denn er wollte das Klo einfach zertrümmern.

»Macht Platz!«, rief er laut. Mutter bekam Angst um Elsie, denn Vater war ziemlich ungeschickt. Als er ausholte, hängte sie sich an seinen Arm. Vater schlug daneben und rief erbost: »Verflixt, wo bleiben die Fachleute!«

In diesem Augenblick kreuzte Uli draußen mit dem Autoschlosser auf. Der hatte an seinem Kombi einen Abschleppkran und erklärte: »Damit werde ich das Rohr herunterreißen. So kommen wir von unten an Elsie heran.«

Gleichzeitig erschien Jörg mit dem Klempner. Sie schleppten eine Pressluftflasche, Schläuche und einen Presslufthammer. Der Klempner schnaufte: »Ich stemme inzwischen die Dielen auf. Dann kommen wir auch von oben an Elsie heran.«

»Ihr werdet uns das ganze Haus zerstören!«, jammerte Mutter.

»Gibt es keinen anderen Weg?«, stöhnte Vater.

Der kleine Stefan war bei Elsie geblieben. Er nahm den großen Hammer und fragte: »Soll ich das mal erledigen?« Elsie nickte.
Stefan war zwar der Kleinste, hatte aber Kraft.
Er holte weit aus, zielte und traf haargenau.
Die Kloschüssel zersprang und Elsie kletterte raus wie ein Küken aus der Eierschale.

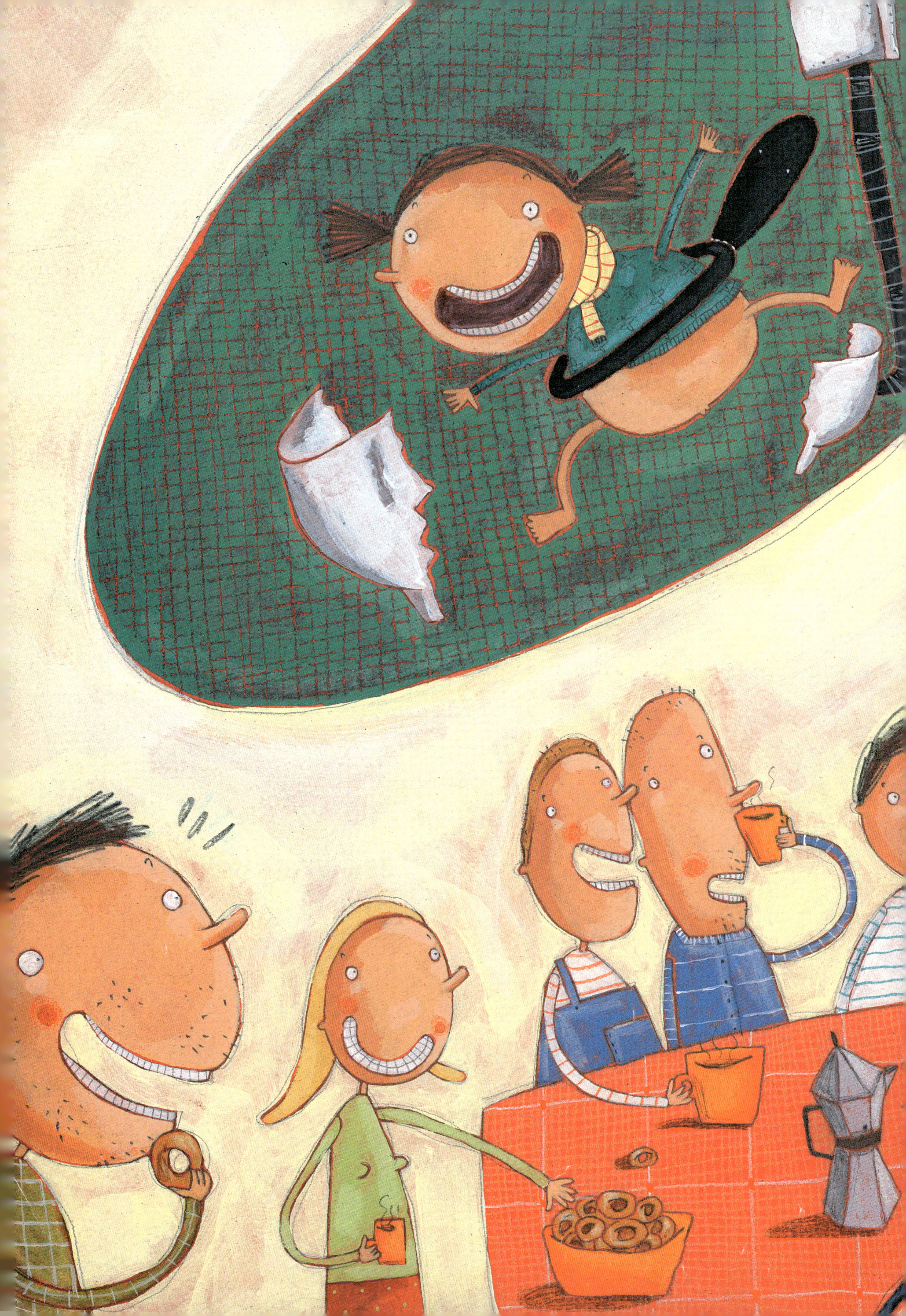

Das Wasser im Badeofen war noch heiß, Elsie wurde zum Aufwärmen noch mal in die Wanne gesteckt.
Dann gab es endlich für alle Kaffee und Kuchen, natürlich auch für den Autoschlosser und den Klempner.
Der versprach beim Abschied: »Gleich Montag bringe ich euch ein neues modernes Klo.«
Und Elsie sagte stolz: »Ich kann jetzt im Stehen Pipi machen!«

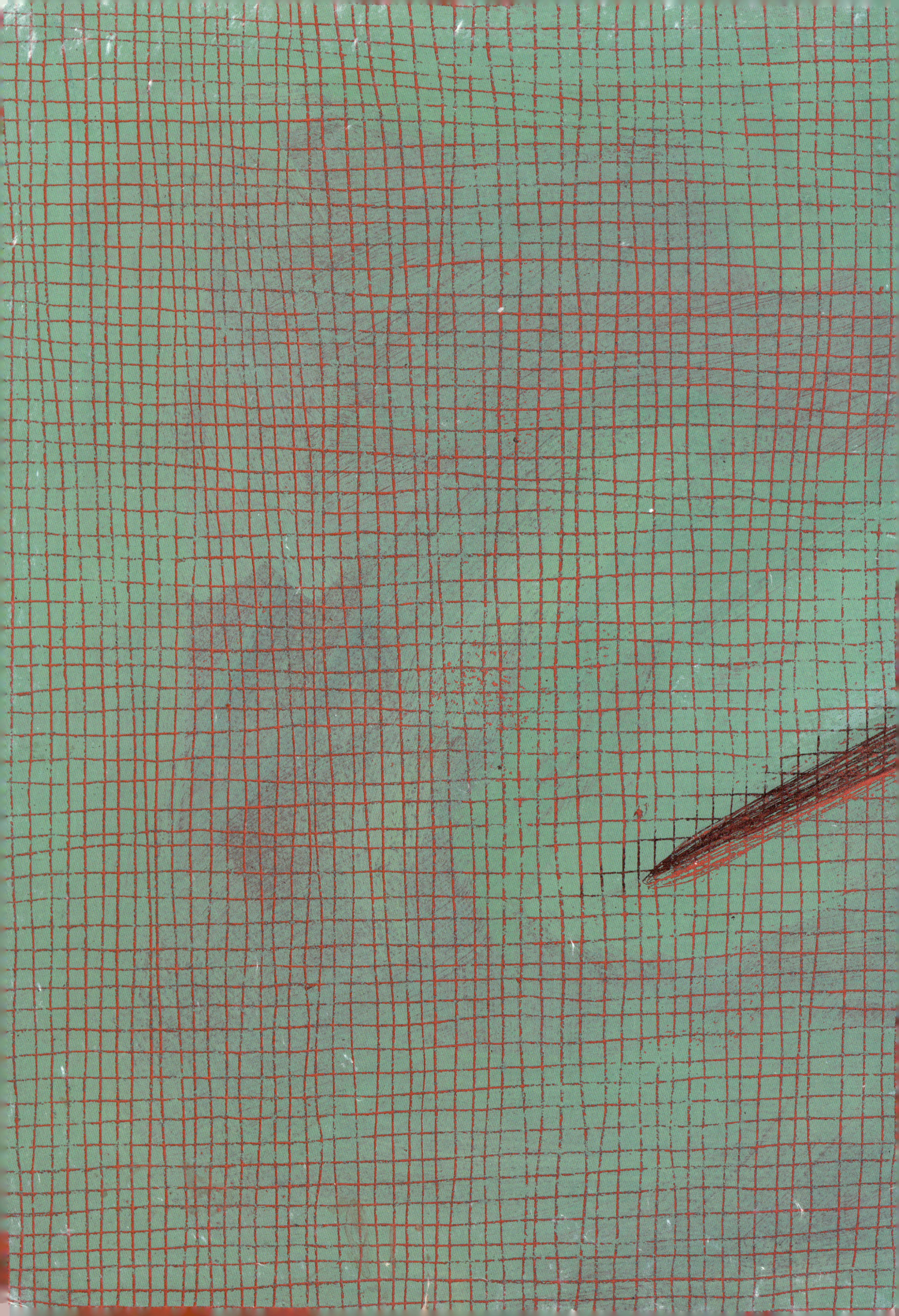